DECLARATION DV ROY,

portant que toutes les Especes d'or & d'argent de poids qui ont à present cours, seront exposées en la maniere accoustumée; comme aussi l'or & l'argent au marc: le tout suiuant le dernier Reglement du mois de Septembre 1641. auec defenses d'y apporter aucune difficulté, sur les peines y mentionnées.

bliée, & regiſtrée en la Cour des royes le 3. Septembre 1643.

A PARIS,

Chez SEBASTIEN CRAMOISY, Imprimeur
ordinaire du Roy, & de la Cour
des Monnoyes.

M. DC. XLIII.
Auec Priuilege de ſa Maieſté.

DECLARATION DV ROY,

portant que toutes les Efpeces d'or & d'argent de poids qui ont à prefent cours, feront expofées en la maniere accouftumée; comme auffi l'or & l'argent au marc: le tout fuiuant le dernier Reglement du mois de Septembre 1641. auec defenfes d'y apporter aucune difficulté, fur les peines y mentionnées.

Leuë, publiée, & regiftrée en la Cour des Monnoyes le 3. Septembre 1643.

A PARIS,

Chez SEBASTIEN CRAMOISY, Imprimeur ordinaire du Roy, & de la Cour des Monnoyes.

M. DC. XLIII.
Auec Priuilege de fa Maiefté.

OVIS par la grace de
Dieu Roy de France
& de Nauarre, A tous
ceux qui ces presentes ver-
ront , Salut. Le desordre qui
s'est glissé en nostre Royaume
depuis quelques années par l'a-
uarice & interest particulier
d'aucuns Marchands negocians
auec les Estrangers & Habi-
tans des villes de Sedan, Charleuille, & autres lieux, lesquels
auroient fait entrer vne si excessiue quantité de Doubles

A ij

foibles & defectueux en nostredit Royaume, sous pretexte
de quelques Presses que nous y
aurions fait establir, que nous
aurions esté contraints faire defenses par Arrest de nostre Conseil du cinquiéme iour de ce
mois , d'exposer doresnauant
lesdits Doubles que pour vn
denier seulement , auec expresses inhibitions d'en faire entrer
à l'aduenir en nostredit Royaume, sous les peines portées par
nostredit Arrest. Mais comme
par cette resolution , ceux qui
auoient creu faire de grands
profits par le debit desdits Doubles, s'en trouuans maintenant
frustrez , ils se sont resolus par

vn deſſein premedité de nuire
à nos affaires , & de troubler
celles de nos Suiets , en empé-
chant le negoce entre eux , de
ſemer parmy noſdits Suiets le
bruit d'vn décry general de toutes les Eſpeces ayans à preſent
cours en noſtredit Royaume,
pour eſtre reduites comme elles
eſtoient auparauant le rehauſſe-
ment d'icelles : Ce qui fait que
pluſieurs perſonnes font difficulté de receuoir ce qui leur eſt
deu , & les Marchands de vendre leurs marchandiſes dans la
crainte de perdre ſur leſdites
Eſpeces , ſi ledit décry auoit
lieu. Et eſtant beſoin d'empé-
cher vn tel abus en declarant

A iij

au public ce qui eſt en cela de noſtre volonté. A CES CAV-SES, de l'aduis de la Reyne Regente noſtre tres-honorée Dame & mere, Nous auons dit & declaré, & par ces preſentes ſignées de noſtre main, diſons & declarons, que nos vouloir & intention eſt, que toutes & chacunes les Eſpeces d'or & d'argent de poids qui ont à preſent cours en noſtre Royaume, tant anciennes que nouuelles, ſoient expoſées en la maniere accouſtumée, ainſi qu'il s'eſt pratiqué iuſques à preſent, & comme il eſt porté par noſtre dernier Reglement du mois de Septembre mil ſix cens quarante-vn , regiſtré en noſtre Cour des Monnoyes : enſemble l'or & l'argent au marc ſur le pied y ſpecifié. Defendons à tous nos Suiets de quelque qualité qu'ils ſoient , d'y apporter aucune difficulté, à peine de mil liures d'amende , fors & excepté pour les Doubles eſtans en noſtredit Royaume , que nous voulons n'auoir plus doreſnauant cours que pour vn denier , conformément audit Arreſt de noſtredit Conſeil cy-deſſus mentionné. SI DON-NONS EN MANDEMENT à nos amez & feaux les Gens tenans noſtre Cour des Monnoyes , que ces preſentes ils faſfent regiftrer, & le contenu en icelles garder & obferuer inuio-lablement, fans fouffrir qu'il y foit contreuenu en aucune maniere que ce foit: CAR tel eft noftre plaifir. En témoin dequoy nous auons fait mettre noftre feel à cefdites prefentes. DON-NE' à Paris le vingt-quatriéme iour d'Aouft l'an de grace 1643. & de noftre Regne le premier. Signé, L O V I S. Et fur le reply, Par le Roy, la Reyne Regente fa mere prefente, D E-GVENEGAVD, & feellées de cire iaune du grand feel fur double queuë.

Et encor eft efcrit fur ledit reply:

Leuës, publiées, & regiftrées és
Re-

Regiſtres de ladite Cour, ce requerant
& conſentant le Procureur general,
pour eſtre executées, gardées & obſer-
uées ſelon leur forme & teneur, &
qu'elles ſeront publiées par tous les lieux
accouſtumez de cette Ville, & ailleurs
ſi béſoin eſt. A Paris en la Cour des
Monnoyes le troiſiéme Septembre mil
ſix cens quarante-trois.

Signé, DELAISTRE.

EXTRAICT DES
Regiſtres de la Cour des
Monnoyes.

E v par la Cour les Lettres
Patentes du Roy en forme
de Declaration, données à
Paris le vingt-quatriéme
Aouſt dernier, ſignées,
LOVIS, & ſur le reply, Par le Roy,

B

la Reyne Regente sa Mere presente, DEGVENEGAVD, & scellées de cire iaune du grand seel sur double queuë: par lesquelles sa Maiesté pour remédier au desordre qui s'est glissé en ce Royaume depuis quelques années, à cause de l'excessiue quantité de Doubles foibles & defectueux, fabriquez, és villes de Sedan, Charleuille, & autres lieux, qui y ont esté apportez sous pretexte de quelques Presses que sadite Maiesté auoit fait establir en cedit Royaume pour la fabrication de Doubles aux Coins & Armes de sa Maiesté, lesquels par Arrest de son Conseil, du cinquiéme dudit mois d'Aoust, elle auroit fait defenses d'exposer que pour vn denier seulemét, auec expresses inhibitiós d'en faire entrer à l'auenir en cedit Royaume, sous les peines portées par ledit Arrest. Ce qui auroit dóné suiet de faire semer parmy le peuple le bruit d'vn décry general de toutes les Especes, ayans de present cours en cedit Royaume pour estre reduites comme elles estoiét auparauant le rehaussement d'icelles: ce qui

fait que plusieurs personnes font difficulté de receuoir ce qui leur est deu,
& les Marchands de vendre leurs mar-
chandises, dans la crainte de perdre sur
lesdites Especes, si ledit décry auoit
lieu : Et estant besoin d'empescher
vn tel abus, sadite Maiesté auroit declaré que son vouloir & intention estoit,
que toutes & chacunes les Especes d'or
& d'argent de poids , qui ont à present
cours en cedit Royaume , tant anciennes que nouuelles , fussent exposées en
la maniere accoustumée, ainsi qu'il s'est
pratiqué iusques à present, & comme il
est porté par le dernier Reglement du
mois de Septembre mil six cens quarante-vn ; ensemble l'or & l'argent au
marc sur le pied y specifié : defendant
à tous ses Suiets, de quelque qualité
qu'ils soient, d'y apporter aucune difficulté, à peine de mil liures d'amende,
fors & excepté pour les Doubles estans
en cedit Royaume , lesquels sa Maiesté
veut n'auoir doresnauant plus cours
que pour vn denier, conformement audit Arrest dudit iour 5. Aoust. Mandant

à ladite Cour faire regiſtrer leſdites Lettres, & le contenu en icelles garder & obſeruer inuiolablement, ſans ſouffrir qu'il y ſoit contreuenu en aucune façon. Oüy ſur ce le Procureur general du Roy, & le rapport du Conſeiller à ce commis : la matiere miſe en deliberation. Tout conſideré : LA COVR a ordonné & ordonne, que ſur le reply deſdites Lettres ſera mis qu'elles ont eſté leuës, publiées, & regiſtrées au Greffe d'icelle, oüy ſur ce ledit Procureur General, & ordonne qu'elles ſeront publiées par tous les lieux publics & accouſtumez de cette ville de Paris, pour eſtre executées de point en point ſelon leur forme & teneur. Fait en la Cour des Monnoyes le troiſiéme Septembre mil ſix cens quarantrois. Signé, DELAISTRE.

Collationné aux Originaux par moy Conſeiller Secretaire du Roy, & de ſes Finances, & Greffier en chef de la Cour des Monnoyes.